Peter Härtling

PAUL, DAS [illegible]

Bearbeitet von: Iris Felter
Illustrationen: Niels Roland

EASY READERS · LEICHT ZU LESEN ·
ER

GEKÜRZT UND VEREINFACHT
FÜR SCHULE UND SELBSTSTUDIUM

Diese Ausgabe, deren Wortschatz nur die gebräuchlichsten deutschen Wörter umfasst, wurde gekürzt und in der Struktur vereinfacht und ist damit den Ansprüchen des Deutschlernenden auf einer frühen Stufe angepasst.

Umschlagentwurf: Mette Plesner
Foto: 5xinc/Yalana/iStock

2. edition 2020
EASY READERS, Copenhagen
- a subsidiary of Lindhardt og Ringhof Forlag A/S,
an Egmont company.

ISBN Dänemark 978-87-23-54249-6
www.easyreaders.eu

The CEFR levels stated on the back of the book are approximate levels.

Easy Readers

EGMONT

Gedruckt in Dänemark

Biografie

Peter Härtling (1933-2017), in Chemnitz geboren, ist einer der bedeutendsten deutschen Kinderbuchautoren. Seine Bücher sind in vielen Sprachen übersetzt und wurden mehrfach ausgezeichnet.

Andere Bücher:
Das war der Hirbel.
Oma.
Ben liebt Anna.
Sofie macht Geschichten.
Alter John.
Krücke.

Weitere Informationen: www.haertling.de

Das Sommerfest

Die Erwachsenen sitzen an den langen Tischen im Hof. Sie reden und reden.

Dieter, der Taxifahrer, kommt mit einer großen *Schüssel*. »Salat, Salat«, singt er.

»Gleich *drehen* alle *durch*«, sagt Paul zu Helena.

Sie nickt. »Das wird die ganze Nacht nicht aufhören.

Paul sieht, dass sein Papa mit Oma Käthe redet.

Manchmal, wenn die Eltern weg sind, passt Oma Käthe auf ihn auf.

Seine Oma ist sie eigentlich nicht. Camillo, Dieters Freund, nennt sie eine ›tolle Tuss‹. Das mag Oma Käthe nicht. Sie ist siebzig, schminkt sich stark und färbt sich die Haare rot.

Es wird dunkel und kühl. Paul friert ein wenig.

Er mag Gartenfeste. Er mag es, wenn alle fröhlich und ein bisschen verrückt sind.

Carmen *klatscht* in die Hände und ruft: »Ist das ein Fest, Kinder!«

Mit ›Kinder‹ meint sie alle Erwachsenen. In dem Haus gibt es nämlich nur zwei Kinder: Paul und Helena.

Der alte Schwarzhaupt setzt sich zu ihnen. »Na, was habt ihr vor, ihr zwei?«, fragt er leise.

die Schüssel, siehe Zeichnung auf Seite 6
durchdrehen, hier; etwas Verrücktes tun
klatschen, siehe Zeichnung auf Seite 6

die Schüssel
klatschen

»Noch lange aufbleiben«, antwortet Paul.

Schwarzhaupt zeigt in die Richtung von Oma Käthe. »Dein Papa reist wohl mal wieder weg, und Oma Käthe muss auf dich aufpassen?«

Helena nimmt Pauls Hand. »Du kannst auch bei uns schlafen. Lucy hat nichts dagegen.« Lucy ist Helenas zweite Mutter.

Schwarzhaupt legt die Hand auf Pauls Schulter. »Wenn du Hilfe brauchst, kannst du bei mir klingeln.«

»Mach ich.«

»Könnt ihr noch Pappteller holen und die Weinflaschen?«, fragt Carmen Paul und Helena.

Sie sind schon unterwegs. Doch sie werden aufgehalten.

»Gehört ihr nicht längst ins Bett?«, fragt Lehrer Kimmich. »Morgen früh kriegt ihr wieder die Augen nicht auf.«

»Das müssen Sie unseren Eltern sagen«, antwortet Helena.

Und Paul sagt: »Carmen möchte nämlich, dass wir Teller und den Wein holen.«

Auf dem Weg zurück mit dem Wein stoppt ihn der alte Schwarzhaupt. »Setz dich, Paul. Soll ich dir einen Apfelsaft holen?«

Paul hält an. »Das kann ich selber. Ich komme gleich.«

»Da bin ich wieder.« Paul setzt sich neben Schwarzhaupt auf die Bank.

»Sag mal, wie geht es in der Schule?«

Paul rückt zur Seite. »Was geht Sie das an?«

Der alte Mann sagt leise: » Du bist in letzter Zeit oft allein gewesen. Was ist mit deinen Eltern los?«

Paul rückt weiter weg. »Das geht Sie gar nichts an.«

»Aber wir sind doch Nachbarn, Paul.«

»Ich wohne oben und Sie ganz unten.«

»Sehr richtig.«

Paul rückt wieder näher. »Ich weiß nicht, was los ist. Wirklich nicht. Wenn Mama und Papa zuhause sind, haben sie Streit. Meine Mama will den Job in New York. Mein Papa findet das zu weit weg. Ich passe nicht zu ihnen. Bei mir bleibt keiner.«

»Wenn du Hilfe brauchst ... «

»Nein!«, antwortet Paul heftig.

Er merkt, dass jemand hinter ihm steht.

Er wartet und ist nicht überrascht, dass er seinen Papa hört.

»Kannst du mal mitkommen, Paul?«

»Warum?«

»Ich muss mit dir reden, Paul.«

»Ich weiß schon, was.«

»Das kann nicht sein.«

»Ich hab dich mit Oma Käthe gesehen.«

»Und?«

»Du verreist wieder und sie soll auf mich aufpassen.«

»Deine Mutter will noch nicht von New York weg.«

Paul kann es nicht leiden, wenn Papa ›deine Mutter‹ sagt. »Warum will sie nicht weg?«

»Sie hat dort eine tolle Chance.«
»Und du?«
»Ja, und ich?«
»Von was willst du nicht weg?«
Jetzt lacht Papa.
Er legt die Hand auf Pauls Schulter: »Bitte Paul, es geht doch nicht anders.«

Er könnte um sich schlagen. Das Fest durcheinanderbringen.
Papa und Mama machen, was ihnen gerade passt.
Sie haben mal gesagt, dass er *pflegeleicht* ist. Er denkt: Ich muss aufhören, pflegeleicht zu sein.
»Ich will nicht immer allein sein«, sagt er leise.
»Du bist es ja nicht. Du kannst uns überall *erreichen.*«
Langsam wird Paul wütend. »Jaja. Und Mama steigt in New York in den Flieger und ist gleich in Frankfurt bei mir. Und du kommst von weit her und fragst: Was hast du denn, lieber Paul? Was fehlt dir denn?«
Sein Papa antwortet nicht. Dann sagt er, er müsse rauf zum Packen.
Paul rührt sich nicht.

Der erste Tag

Paul wacht davon auf, dass jemand neben seinem Bett steht.

pflegeleicht, unkompliziert
erreichen, hier; Kontakt bekommen

»Pass auf dich auf!«, sagt sein Papa. »Und vergiss die Schule nicht! Du kannst zu Oma Käthe ziehen.«

Paul zieht die Decke über den Kopf.

Immer lassen sie ihn allein.

Es klingelt. Es ist Felix, der ihn abholt.

»Komm rauf, Felix«, ruft er.

Er tut das, was seine Mama ihm verboten hat. Er öffnet die Wohnungstür, lässt sie offen stehen und rennt ins Bad.

Als er zurückkommt, wartet Felix in der Küche auf ihn. Er isst ein Butterbrot.

»Das ist meins.«

»Du kannst dir ja noch eins machen.«

»Nein, dann kommen wir zu spät.«

Sie *schaffen* es noch. Die Lehrerin wünscht der Klasse fröhlich einen guten Morgen.

Wenn die wüssten ... Paul lässt seine Gedanken wandern.

Er stellt sich vor, dass Kinder sich ihre Eltern aussuchen könnten.

*

Nach der Schule fragt ihn Felix: »Hast du heute Nachmittag Zeit?«

»Nee! Bis morgen.«

Er hat eine Menge vor. Carmen helfen, wenn sie den Keller aufräumt. Für den alten Schwarzkopf zur

| *schaffen,* fertig bringen

Post gehen. Und er muss sich bei Oma Käthe melden.

Carmen fragt ihn im Treppenhaus: »Hast du Hunger, Paul? Willst du mit mir zu Mittag essen?«

Er freut sich, aber er ist nicht sicher: »Ich weiß nicht, ob Oma Käthe auf mich wartet.«

Carmen lacht. »Geh du ruhig zu Käthe.«

Oma Käthe erwartet ihn. Kaum klingelt er, schon reißt sie die Tür auf.

Hinter ihr riecht es nach *Blumenkohl.* Blumenkohl mag er nicht.

der Blumenkohl

»Das Essen ist fertig.« Oma Käthe strahlt übers ganze Gesicht.

»Ich kann aber nicht«, sagt er. »Ich bin eingeladen. Leider.«

»Von wem denn?«, fragt sie.

»Von Felix.«

»Na gut. Aber morgen kommst du zum Essen. Ich hab's deinem Vater versprochen.«

Er *schleicht* sich leise durchs Treppenhaus bis vor Carmens Tür. Klingelt nur kurz.

Carmen fragt überrascht: »Ist Oma Käthe nicht da?«

»Doch.«

»Aber?«

»Da gibt's Blumenkohl.«

»Und der passt dir nicht?«

schleichen, vorsichtig und leise gehen

»Ich hab gesagt, ich bin eingeladen.«

»Was ja stimmt, von mir. Komm rein. Es gibt Lasagne.«

Sie setzen sich an den Tisch. »Du darfst auf Carlos Platz sitzen. Er ist noch im Laden.«

Die Lasagne schmeckt ihm.

»Weißt du denn, wie du deinen Vater erreichen kannst?«

»Ich hab ja seine Handy-Nummer. Auch die von Mama.«

»Das ist ja gut.«

»Wieso? Die sind immer weg.«

»Die haben viel zu tun. Und sie können *sich auf* dich *verlassen*, Paul. Das finde ich stark.«

»Ja?«

»Ja!«

»Ich nicht.«

Carmen reicht ihm ein Glas Apfelsaft.

»Und der Carlo verkauft jetzt deine Brautkleider?«

»Er verkauft unsere Brautkleider. Das ist unser Geschäft, Paul.«

»Aber es heiraten doch nicht viele Leute. Viele *lassen sich* doch *scheiden*.«

»Du redest wie ein alter Mann. Komm jetzt, wir wollen im Keller anfangen.«

Sie laufen die Kellertreppe hinunter. Paul muss die Kartons für den Papier*müll* flach machen. Danach

sich auf jemanden verlassen, mit jemandem rechnen
sich scheiden lassen, sich von seinem Ehepartner trennen
der Müll, Abfall

sammelt er *leere* Weinflaschen in einen Korb.

»Jetzt muss ich aber rauf«, sagt er.

»Du wolltest noch die Flaschen zum Container bringen.«

»Aber mein Papa ruft zwischen fünf und sechs an.«

Carmen sieht auf die Armbanduhr. »Dann aber ab mit dir!«

*

Als Paul vor der Wohnungstür steht, hört er das Telefon klingeln.

»Warte, Papa«, ruft er. Er stürmt in die Wohnung.

»Papa?«

»Wo kommst du her, Paul?«

»Aus dem Keller.«

»Was suchst du da?«

»Ich helfe Carmen beim Aufräumen.«

»Denkst du an deine Schulaufgaben?«

»Hab ich schon gemacht.«

»Das glaub ich nicht. Oma Käthe hat versprochen, dich abzufragen.«

»Ja.«

»Was heißt das: Ja?«

»Papa!«

»Ich verlasse mich auf dich, Paul. Vergiss das nicht.«

»Ist ja wahr.«

Am liebsten hätte er den Hörer aufgelegt. Er will

leer, ohne Inhalt

aber auch Papas Stimme noch länger hören. »Kannst du früher kommen?«

»Nein. Du weißt ja, in vierzehn Tagen. Und geh jetzt bitte rüber zu Oma Käthe. Grüß sie von mir.«

Bei Oma Käthe

Oma Käthe ist ärgerlich. »Wo bleibst du denn? Dein Papa hat mich gebeten, die Hausaufgaben abzufragen.«

»Hab keine.«

»Das glaub ich nicht.«

»Nur Mathe. Das ist alles. Kann ich aber.«

»Dein Papa meint, du sollst hier schlafen. Im alten Kinderzimmer. Es ist nicht gut, wenn du allein drüben in der Wohnung bleibst.«

»Das geht nicht. Ich bleib bei mir drüben.«

»Das musst du deinem Vater *simsen*. So heißt das doch?«

Paul nickt. Er zieht das Handy aus der Tasche und fängt an: ›Hallo Papa. Ich schlafe bei uns, nicht bei Oma Käthe. Mach's gut. Paul.‹

Die Antwort kommt sofort.: ›Hallo Paul. Das ist besprochen. Du schläfst bei Oma Käthe. Dein Papa.‹

»Was hat er gesimst?«, fragt Oma Käthe neugierig.

»Dass es ihm egal ist.« Paul merkt, dass er rot wird.

simsen, mit dem Handy eine Textnachricht versenden

»Kann das sein?«, fragt Oma Käthe und sieht ihn an. »Aber zu Abend kannst du noch hier essen. Und die Hausaufgaben … «

Paul nicht heftig.

»Warum nickst du. Ich hab doch noch nichts gesagt.«

»Ich weiß schon, was du sagen willst.«

»Was?«

»Dass ich jetzt schon die Hausaufgaben machen soll. Und dass ich nicht fernsehen darf.«

Oma Käthe starrt ihn an. »Du hast aber einen Ton drauf. Ich helfe euch doch nur.«

»Ja.« Paul will Oma Käthe nicht *beleidigen*. Er braucht sie ja.

»Ob mir das gefällt, ist ihnen egal.«

»Nein.« Oma Käthe schüttelt den Kopf. »Sie sorgen sich um dich, deine Mama und dein Papa. Sie müssen nur wegen ihrer Arbeit oft unterwegs sein.«

»Die sind immer weg. Und ich …, ich bin ein unnötiges Kind.«

»Nein! Um Himmels willen, sag so was nicht.«

»Doch. Ich geh jetzt. Bis heute Abend, Oma Käthe.«

»Schläfst du nun bei mir oder bei dir?«

»Bei dir!«

Er rennt aus der Wohnung heraus und die Treppe hinunter. Bei Helena klingelt er.

Er hört, wie jemand an die Tür schleicht. Helena hat immer Angst, dass ein Monster oder ein Mörder klingelt.

beleidigen, verletzen

»Ich bin's«, sagt er.

Sie reißt die Tür auf. »Ach du«, sagt sie.

»Du siehst zu viel Fernsehen.«

»Du ja nie!«

»Kommst du mit?«

»Ich kann nicht. Lucy und ich gehen shoppen.«

»Shoppen! Ihr seid ja verrückt.«

Helena knallt die Tür zu.

»Hallo! Du hast es aber eilig.« Dieter, der Taxifahrer, hält ihn auf. »Du musst mal vorbeikommen, Paul. Unsere Mäuse - du kennst sie ja - haben Junge. Ganz kleine Mäusekinderchen.«

»Das ist ja stark«, sagt Paul.

»Das ist fantastisch! Kommst du mit? Ich hab noch ein bisschen Zeit«

Paul steht vor dem Mäuse*käfig* und staunt. Dieter hat eine Landschaft aufgebaut. Kleine Häuser, eine Brücke, Bäume. In einer Ecke drücken sich sechs kleine Mäuschen gegeneinander.

»Musst du gleich zur Arbeit?«, fragt Paul.

»Nein, aufs Abendgymnasium.«

»Du? Du bist doch zu alt für die Schule.«

»Deswegen gehe ich ja abends.«

»Bist du gut?«

»In Mathe und Physik schon. Und du?«

»Nicht in Mathe.«

»Dann kann ich dir ja helfen, Paul. Und du kannst die Mäuse besuchen und mit ihnen reden.«

*

der Käfig, siehe Zeichnung auf Seite 17

der Käfig

Oma Käthe hat das alte Kinderzimmer für ›einen jungen Mann‹ zurechtgemacht.

»Ich muss noch meinen Wecker und meinen Schlafanzug holen«, sagt Paul. »Aber den Laptop lasse ich da. Sonst mache ich den *Anschluss* kaputt. Ich warte auf eine E-Mail von Papa und Mama. «

Als er das sagt, hat er plötzlich große *Sehnsucht* nach den Eltern.

In der Wohnung setzt er sich vor den Computer. Er sieht nach, ob eine E-Mail gekommen ist. »Nichts«, murmelt er.

Oma Käthe wartet mit dem Abendessen. »Ich weiß gar nicht, was du gerne isst.« Sie guckt ihn fragend an.

Er setzt sich an den Küchentisch. »Also, was ich mag, das ist Butterbrot, Wurst und *Bouletten*, Vanillepudding mit Himbeersoße.«

Oma Käthe nickt bei jedem Wort, als schmeckt sie mit. »Das finde ich in Ordnung. Und was trinkst du am liebsten?«

»Zitronenlimo.«

»Du hast nichts dagegen, wenn ich einen Rotwein trinke?«

Paul sieht sie an. »Das schadet dir vielleicht, weil du zu alt bist.

Sie lacht.

»Also, mein Lieber. In einer halben Stunde kom-

der Anschluss, hier; Verbindung zum Internet
die Sehnsucht, Wunsch mit Schmerzen verbunden
die Boulette, kleines gebratenes Bällchen aus Hackfleisch

men die Nachrichten im Fernsehen. Da solltest du im Bett sein. Aber erst einmal zeigst du mir deinen Stundenplan. Und dann sehen wir nach, ob deine Schultasche richtig gepackt ist.«

Im Bad putzt er sich die Zähne. Er weiß nicht, ob er sich waschen soll. »Jetzt kann ich machen, was ich will«, sagt er in den Spiegel.

Als er am nächsten Morgen zur Schule geht, kommt eine SMS. Sicher von Papa. ›Ich wünsche dir einen guten Tag‹, liest er.

Dann rennt er los.

Eine Unterschrift fehlt

Die Klassenlehrerin hat keine gute Laune. Sie gibt das Diktat zurück, das sie vor einer Woche geschrieben haben. Sie legt jedem das Heft auf den Tisch.

Paul wartet. Die Besten kommen immer zuletzt. Aber er kann nicht unter ihnen sein. Das weiß er.

»Paul, du hast wohl geschlafen. Zwanzig Fehler!«

Er sagt nichts. Guckt nur auf den Tisch.

»Das ist eine *Sechs*, Paul. Sechs!«, ruft die Lehrerin. »Dein Vater oder deine Mutter müssen unterschreiben. «

Die sind nicht da, will er sagen.

Er sagt nichts.

Wie soll er das ohne Ärger zu Ende bringen?

die Sechs, hier, Schulnote. Die Eins steht für »sehr gut«, die Sechs für »mangelhaft«

Soll er selbst unterschreiben?
Soll er das Heft verlieren?

*

Er geht nicht gleich zu Oma Käthe. Er geht ›nach Hause‹. Dort setzt er sich in seinem Zimmer an den Schreibtisch. Auf einem Blatt malt er Vaters Unterschrift.

Es klingelt an der Tür. Oma Käthe hat gemerkt, dass er schon da ist.

Sie ruft durch die geschlossene Tür: »Es gibt Mittagessen, Paul. Warum kommst du nicht? Komm! Ich warte auf dich.«

Er stellt sich hinter die Tür, steht ganz still. Dann schleicht er zurück in sein Zimmer. Er packt das Heft ein, auch das Blatt mit der Unterschrift. Er öffnet die Wohnungstür und steht vor Oma Käthe. »Hier bin ich!«

Sie streicht ihm übers Haar. »Ich versteh ja, wenn du erst einmal in dein Zimmer willst.«

Er geht hinter ihr her in die Küche. Es duftet gut.

»*Reibekuchen*«, sagt Oma Käthe. »*Kartoffelpuffer*«, sagt Paul.

Das schmeckt ihm. Wenn er mit Papa allein zuhause ist, dann holt er meistens Pizza.

»Was gab's in der Schule?«, fragt sie.

der Kartoffelpuffer, der Reibekuchen, kleine, flache, in der Pfanne gebratene Kuchen aus geriebenen Kartoffeln

Er könnte ihr das Heft zeigen und fragen: ›Kannst du für meine Eltern unterschreiben?‹

Er tut es nicht.

»Fünf Reibekuchen hast du gegessen«, sagt Oma Käthe stolz.

»Ich muss mal runter zum Schwarzhaupt«, sagt Paul und steht auf.

»Bleib sitzen, Paul. Ich muss noch was mit dir besprechen.»

»Und was?«

»Dein Vater meint, ich soll deine Hausaufgaben nachsehen. Und dir das Taschengeld geben.«

Sie zieht einen Zehneuroschein hervor, sieht Paul nachdenklich an und sagt leise: »Wenn du damit nicht klarkommst, lege ich einen Fünfer drauf.«

Das findet er nicht schlecht. »Danke!«

»Sag mir bitte, was du aufhast.«

»Mathe und Englisch und ... Deutsch.«

Er denkt, dass er ohne Unterschrift das Diktat nicht abgeben kann.

»Es ist nicht viel«, sagt er. »Und ich muss noch mal runter zu Schwarzkopf.«

»Warum zu dem?«, fragt Oma Käthe.

»Ich muss ihn was fragen. Wegen der Schule. Das ist wichtig. Er ist doch *Rechtsanwalt* gewesen.«

»Wozu brauchst du einen Anwalt?«

»Wir haben in der Schule diskutiert.«

»Worüber denn?«

Sie gibt keine Ruhe. Er muss *schwindeln*.

der Rechtsanwalt, Jurist
schwindeln, nicht die ganze Wahrheit sagen

»Über das, was ein *Vormund* darf«, sagt er.

»Na gut, dann frag ihn mal«. Oma Käthe glaubt ihm.

Mit der Schultasche rennt er durch die Wohnung und zieht die Tür hinter sich zu.

Im Treppenhaus sitzt Helena. Sie hat den Schlüssel mal wieder vergessen. Ihr Vater ist zur Arbeit und Lucy ist einkaufen.

Bevor sie zu jammern anfängt, sagt Paul: »Klingel bei Oma Käthe. Da gibt es Kartoffelpuffer.«

»Wo gehst du hin mit der Schultasche? Hast du Schule?«

»Nein. Ich muss zum alten Schwarzhaupt.«

»Dann stinkst du den ganzen Tag nach Zigarre.«

»Ist mir egal.«

Er klingelt.

»Was ist los, Junge?«, fragt Schwarzkopf.

»Ich weiß nicht.«

»Wenn du es nicht weißt, kannst du gleich wieder verschwinden. Stör mich nicht!«

»Aber ...«, fängt Paul an.

»Das genügt mir nicht«, sagt der alte Mann und bläst eine dicke Zigarrenwolke über Pauls Kopf.

Dann fasst er ihn am Nacken und schiebt ihn neben sich her.

»Dich bedrückt doch was.«

der Vormund, jemand, der das Recht bekommen hat, für ein Kind

Schwarzkopf setzt sich hinter seinem Schreibtisch, guckt Paul an und sagt: »Also, wie kann ich dir helfen?«

Paul steht nur da.

»Also, fang endlich an.«

»Ich habe eine Sechs.« Er sagt den Satz langsam und versteht nicht, warum Schwarzkopf lacht.

»Ja und?«

»Finden Sie das denn nicht schlimm?«

»Davon geht die Welt nicht unter, mein Lieber. Du kannst nur noch besser werden.«

Schwarzkopf will wissen, wofür er die schlechte Note bekommen hat.

Paul senkt den Kopf und sagt leise: »In Deutsch.«

Schwarzkopf schlägt mit der *Faust* auf den Tisch. »Das ist stark! Liest du nicht? Mit wem hast du ge*übt*?«

»Mit niemandem.«

»Jaja.« Schwarzkopf schaut Paul. »Davon kommen die Fehler.«

die Faust

»Ich brauch eine Unterschrift«, sagt Paul dann.

»Fragst du mich als Anwalt?«

»Nein. Ich brauch unter das Diktat eine Unterschrift von den Eltern.«

»Und die sind auf Reisen?«

Paul nickt.

»Und du willst, dass ich dir helfe? Du willst, dass

| zu sorgen

ich eine Unterschrift fälsche?«

»Nein! Nein! Aber vielleicht können Sie für meine Eltern unterschreiben, weil Sie Anwalt sind.«

»Das geht nicht, Paul. Aber ich kann deiner Lehrerin einen Brief schreiben. Ich kann ihr erklären, dass deine Eltern verreist sind, und dass Frau Käthe und wir alle auf dich aufpassen.«

»Das stimmt aber nicht.«

»Das stimmt schon, Paul. Wir passen alle auf dich auf.«

Schwarzkopf klingelt an der Wohnungstür, als Paul und Oma Käthe in der Küche zu Abend essen. Der Brief, den er Paul gibt, sieht formell aus. Als Absender steht: ›Dr. Adam Schwarzhaupt, Rechtsanwalt und Notar.‹

»Stark!«, sagt Paul.

Paul läuft weg

Paul gewöhnt sich an Oma Käthes *Eigenheiten*. Dass sie in der Küche immer Ordnung haben will. Dass sie die ganze Zeit sauber macht.

Und Oma Käthe gewöhnt sich daran, dass er manchmal drüben in der Wohnung verschwindet und lange dort bleibt. Und dass Felix Sturm klingelt, wenn er ihn morgens abholt.

Nach der Schule schaut Paul in den Briefkasten nach Post. Briefe an Mama und Papa legt er auf den

| *üben,* etwas immer wieder versuchen, um es zu lernen

Schreibtisch in Papas Arbeitszimmer.

Einmal schickt ihm Mama eine Karte aus New York.

Er liest sie auf der Treppe:

›Hallo, mein Paul! New York ist eine tolle Stadt. Sie würde dir bestimmt gefallen. Papa hat sicher gesagt, dass ich noch längere Zeit bleiben muss. Die Arbeit macht mir Spaß. Ich hoffe sehr, du kommst ohne mich klar. Ein Kuss von deiner Mama.‹

Ich komme ohne euch beide sehr gut klar, und Adam Schwarzhaupt hilft mir in der Schule, sagt er laut zu sich selbst.

*

Fünf Nächte schläft Paul bei Oma Käthe.

Am sechsten Tag nach der Schule ist sein Papa plötzlich wieder da.

Diese Überraschung tut Paul weh.

»Das hast du nicht erwartet«, sagt sein Papa.

Pauls Traurigkeit ist so groß, dass er seinen Papa bei Oma Käthe stehen lässt. Er verschwindet im alten Kinderzimmer und schlägt die Tür hinter sich zu.

Sein Papa will die Tür öffnen, aber Paul stellt sich dagegen.

»Ich bitte dich, lass das, Paul.«

»Ich … ich … « Er will eine Menge sagen: Dass er es schlimm findet, immer zu warten. Dass seine Eltern immer nur an sich denken, nicht an ihn.

»Komm raus, lass mit dir reden.«

»Wir reden doch.«

»Aber wir sehen uns nicht.«

»Ich sehe dich auch sonst nicht, weil du immer weg bist.«

»Komm raus, Paul.«

Paul gibt dem Druck an der Tür nach, aber versteckt sich hinter der Tür.

Sein Papa lacht. »Schon bist du wieder verschwunden.«

Er nimmt ihn in die Arme.

Paul drückt den Kopf gegen seine Brust. »Bleibst du jetzt?«

Sein Papa nimmt sich Zeit für die Antwort. »Morgen muss ich noch einmal fort. Aber dann bleibe ich. Bestimmt.«

Paul schiebt ihn von sich weg.

»Aber dann bin ich wieder allein. Und niemand unterschreibt mein Diktat.«

Sein Papa lässt ihn nicht los.

»Was ist mit deinem Diktat. Seit wann müssen wir das unterschreiben?«

»Bei einer Fünf und einer Sechs.«

Sein Papa ist sprachlos.

»So ist es. Herr Doktor Schwarzhaupt hat mir eine Entschuldigung geschrieben.«

»Wie kommst du zu dem?«

»Der ist mein Freund.«

»Ich verstehe«, sagt Papa.

Oma Käthe, die alles mitgehört hat, sagt: »Sie verstehen gar nichts, Herr Beerbach. Wir kümmern uns nämlich um den Jungen.«

Nun wird es Paul peinlich.

Er nimmt die Hand seines Vaters. »Papa kann ja nichts dafür, dass er so viel arbeiten muss.«

Auf dem Weg zurück ins Wohnzimmer fragt Oma Käthe: »Schläfst du nun heute noch bei mir oder drüben?«

»Bei dir«, antwortet Paul und denkt, dass sein Vater vielleicht jetzt beleidigt ist.

Der aber sagt nur: »Wir können miteinander ausgehen, Paul. In das neue Restaurant am Hafen?«

Im Restaurant fragt Papa Paul nach Adam Schwarzhaupt aus.

Paul erzählt alles genau: »Also, der alte Schwarzhaupt hat erst mal nachgedacht. Was er der Lehrerin schreiben soll. Dann hat er mich gefragt, wo du bist und warum die Mama nicht heimkommt. Am Schluss hat er ... «

Paul macht eine Pause.

Sein Papa fragt: »Was?«

Paul grinst. »Also, dann hat er mit der Faust auf den Schreibtisch gehauen und gerufen: ›Das ist ein Skandal!‹«

Sein Papa wird blass.

Sie essen. Sie reden kaum.

»Wohin fährst du?«, will Paul wissen.

»In Salzburg ist ein Kongress. Ich muss dort eine Rede halten.«

»Wann kommst du wieder?«

»In drei Tagen.«

»Dauert deine Rede so lang?«

Auf dem Weg nach Hause fragt sein Papa: »Bleibst du heute noch bei mir, Paul?«

Paul schüttelt den Kopf.

Er möchte es eigentlich, aber sein Papa lässt ihn schon wieder allein. Deshalb lässt er auch ihn allein.

Im Treppenhaus rennt er voraus und wartet vor Oma Käthes Wohnungstür. Sein Vater umarmt ihn. Am liebsten würde Paul heulen.

Er tut es nicht.

»In drei Tagen«, sagt er, »aber dann bestimmt.«

*

Sein Papa kommt, wie versprochen, nach Hause.

Er bringt Unruhe mit sich. Rennt herum, telefoniert und fragt Paul, ob er schon wieder ein Diktat zum Unterschreiben hat.

Das ärgert Paul. »Ich schreib doch nicht immer Sechser.«

Papa reißt die Fenster auf. »Ich habe eine Idee. Wir nehmen uns was zu trinken und gehen runter in den Hof. Ich muss dir nämlich was sagen.«

Sie setzen sich. Paul wartet.

Carmen singt bei offenem Fenster. Helena läuft vorbei.

»Hast du Zeit?«, ruft Paul ihr nach.

»Nee.«

»Wir ... «, beginnt Papa, macht eine Pause und sagt dann: » Ich bitte dich, Paul, bleib ruhig.«

Paul schüttelt den Kopf. Warum?, fragt er sich.

»Deine Mutter will, dass ich es dir sage.«

»Ja?«

»Es ist so ... «, sagt sein Vater, »dass wir ... Deine Mutter ist so viel unterwegs.«

»Du auch«, sagt Paul.

»Du sollst wissen, dass wir uns trennen werden.«

»Was heißt trennen?«

»Wir lassen uns scheiden.«

Paul fühlt, dass er auf einmal innen ganz leer wird.

Ein Schrei kommt in ihm hoch. Den lässt er raus.

Sein Vater sieht ihn erschrocken an.

Der Schrei steigt an der Hauswand hoch bis zu Oma Käthes Küchenfenster.

»Und ich?«, fragt Paul. Tränen laufen ihm übers Gesicht.

Papas Hand streicht ihm über die *Wange*. »Wir finden eine Lösung«, sagt er.

Paul schüttelt Papas Hand aus seinem Gesicht. Er will nicht getröstet werden.

Er springt auf und rennt weg. Einfach weg.

Raus auf die Straße, runter zum Fluss.

»Ihr macht alles kaputt, alles!«

Er weint heftig.

*

Als er wieder vor dem Haus steht, schleicht er sich in den Garten und runter in den Keller.

Wenn er zu Oma Käthe geht, muss er ihr alles erzählen. Und in die Wohnung zu Papa will er nicht.

| *die Eigenheit,* etwas Charakteristisches

Hinten im Kellergang stehen Sachen, die niemand haben will. Er zieht ein altes Fahrrad weg und klettert hinter einer Kiste.

Hier wird ihn keiner finden.

Er hört seinen Namen rufen: »Paul!« Das ist Papa.

»Paulchen!« Das ist Oma Käthe.

»Paul, komm endlich!« Das ist Adam Schwarzhaupt.

»Paul!« Das ist Lehrer Kimmich.

»Pauli!« Das ist Carmen. Sie kommt näher.

Papa ruft in den Keller hinein: »Paul, melde dich doch! Es hat doch keinen Sinn, sich zu verstecken.«

Sie geben auf, gehen zurück in den Garten.

Paul schläft ein.

Doktor Adam

Als Paul aufwacht, weiß er nicht, wo er ist.

Er friert. Im Haus hört er nichts, nur dass Carmen vor sich hin singt.

Oben in der Wohnung findet er einen Zettel von seinem Vater: ›Musste leider weg. Du hast uns ganz schön Sorgen gemacht. Melde dich bei Oma Käthe. Auf bald, dein Papa.‹

Plötzlich steht Oma Käthe hinter ihm. Papa hat ihr wohl den Schlüssel zur Wohnung gegeben.

»Wo bist du gewesen, Paul?« Sie reißt ihn in ihre Arme. »Verschwindest einfach ohne ein Wort. Das ganze Haus war auf der Suche nach dir.«

Sie lässt ihn los und sinkt auf einen Stuhl. »Ich weiß

ja, was los ist. Dein Vater hat es uns gesagt. Das ist schlimm, Paulchen.«

Es klingelt. Camillo und sein Freund Dieter stehen vor der Tür und fragen nach Paul.

»Du kannst immer zu uns kommen«, sagt Camillo. »Wenn schon, dann bei uns«, sagt Dieter.

Kaum sind die beiden weg, klingelt es wieder.

Draußen steht Lucy, Helenas zweite Mutter. Sie stürzt vorbei an Oma Käthe und schließt Paul in die Arme.

»Warum bist du nicht in der Schule?«, fragt sie dann.

»Ja, warum nicht?«, fragt auch Oma Käthe.

»Soll ich dich bringen?«, fragt Lucy.

»Nein«, antwortet Paul.

Er will heute nicht in die Schule.

Lucy verschwindet, und nach ihr kommt Adam Schwarzhaupt.

»Du gehst also nicht in die Schule«, stellt er fest. »Du willst also dumm bleiben?«

Paul schaut dem alten Mann ins Gesicht. Er hat sich Sorgen um mich gemacht, denkt er. »Es ist doch zu spät«, sagt er.

Adam Schwarzhaupt nickt. »Ist ja gut.«

Er wendet sich an Oma Käthe: »Ich nehme den Jungen mit. Ich rede mit ihm.«

Paul fühlt sich elend und schrecklich allein.

Der alte Schwarzhaupt legt seine Hand auf Pauls Schulter: »Wird schon nicht so schlimm, Paul.«

Schwarzhaupt führt ihn in sein Arbeitszimmer. Er drückt Paul auf einen Stuhl und setzt sich hinter den Schreibtisch.

»Also, davon geht die Welt nicht unter, dass deine Eltern sich scheiden lassen. Nur deine Welt wird sich ein wenig ändern.«

»Vielleicht können Sie uns helfen, weil Sie doch Rechtsanwalt sind?«

»Ich kann dir beistehen, wie Oma Käthe.«

»Ich finde, Eltern sollten sich um ihre Kinder kümmern. Sie haben sie ja auch gekriegt.«

»Du sagst es«, nickt Schwarzhaupt.

»Können Sie mir denn helfen, Herr Dr. Schwarzhaupt?«

»Du kannst ruhig du zu mir sagen. Nenn mich einfach Doktor Adam.«

Paul wartet auf die Antwort.

»Bei einer Scheidung wird geklärt, wer von den Eltern für dich sorgen soll. Das heißt: Es geht ums *Sorgerecht.*«

»Können das auch beide?«, fragt Paul.

»Ja, heute geht das.«

»Aber dann sind Papa und Mama eigentlich wie immer Papa und Mama.«

»Richtig, mein Junge. Aber sie gehören nicht mehr zusammen. Und sie können sich eine neue Frau oder einen neuen Mann suchen.«

Komisch, denkt Paul. Doktor Adam sagt Sätze, die er nicht versteht.

»Du bist unglücklich. Das versteh ich. Dein Vater oder deine Mutter können also das Sorgerecht für dich bekommen. Oder beide. Und jetzt geh mal zu Käthe.«

| *die Wange,* Seite des Gesichts unter dem Auge

In Pauls Brust tut es weh.
Er beginnt zu weinen.
Doktor Adam geht zu ihm hin und legt seine Hände auf seine Schulter. Er sieht ihm in die Augen.
»Lass es raus«, sagt er. »Das Leben tut manchmal weh.«
»Was soll ich tun«, fragt Paul.
Er kann nicht aufhören zu weinen.
Der Alte bleibt noch eine Weile wortlos neben Paul stehen.

Oma Käthe ist krank

Am anderen Morgen geht es Oma Käthe schlecht. »Mein ganzer Körper schmerzt«, klagt sie. Aber sie will zum Friseur. »Wenn es mir nicht gut geht, da hilft es, wenn ich ein bisschen schöner aussehe«, sagt sie. Sie steckt Paul das Pausenbrot in die Tasche.

Nach der Schule setzt Paul sich in seine Wohnung und wartet. Seine Mama hat ihm in einer E-Mail von einem Anruf geschrieben.
Das Telefon klingelt.
»Ja, Mama?«
»Du bist ja gleich dran«, sagt sie.
»Kommst du bald?«, fragt er.
»Nein, das ist unmöglich.«
Er bleibt eine Weile stumm.
»Du bist so still, Paul.«
»Ja.«
Was soll er sagen?
»Papa hat gesagt, ihr wollt euch scheiden lassen.«

»Ich wollte es dir schreiben. Der Brief liegt noch hier.«

»Jetzt weiß ich es ja.«

»Ich komme irgendwann, Paul. Wir müssen viel regeln.«

»Meint ihr es wirklich ernst mit der Scheidung?«

»Ja, Paul. Es geht nicht anders. Aber wir werden beide für dich da sein.«

»Das stimmt doch nicht. Das ist doch nicht wahr. Ihr reist ab und lasst mich allein.«

Er will nicht mehr reden und sagt nichts mehr. Sie versteht ihn ja doch nicht.

Er legt den Hörer auf.

Schluss. Ende.

Dann hält er den Hörer wieder ans Ohr.

Sie ist weg.

»Mama?«, fragt er.

Er bekommt keine Antwort.

Er bleibt sitzen und denkt an sie. Er sieht sie vor sich, hört ihre Stimme.

›Sie ist eine tolle Frau‹, hat Carmen mal gesagt. Das stimmt aber nicht mehr. Sie ist nicht toll. Sie denkt nur an sich.

*

Oma Käthe erwartet ihn. »Da bist du ja.«

Sie sieht kleiner aus und müde. So hat er sie noch nie gesehen. Ihr Aussehen macht ihm Angst.

»Geht's dir nicht gut?«

»Mir ist den ganzen Tag so komisch«, sagt sie und setzt sich.

»Hast du den Arzt angerufen?«

Sie schüttelt heftig den Kopf.

»Aber das musst du!«

»Das ist nicht wichtig«, sagt sie.

Paul rennt die Treppe hinunter zu Doktor Adam.

Der fragt nur: »Wo brennt's?«

»Oma Käthe ist krank. Sie braucht einen Arzt.«

»Weißt du, welchen sie hat?«

»Vielleicht bei dem Höfele. Bei dem sind meine Eltern.«

»Und ich auch«, sagt Doktor Adam. »Ich ruf ihn an. Geh in den Hof und warte.«

Von der Bank aus schaut Paul am Haus hoch.

Überall ist Licht, nur bei ihm nicht.

Er hört die Sirene eines Krankenwagens, läuft nach vorn und wartet in der Tür.

Doktor Adam kommt zu ihm. »Oma Käthe muss ins Krankenhaus. Probleme mit dem *Kreislauf.*«

Oma Käthe wird von zwei *Sanitätern* getragen. Sie ist rot im Gesicht, aber winkt Paul zu: »Pass auf dich auf, Paul. Halt dich an Doktor Schwarzhaupt.«

der Sanitäter

das Sorgerecht, das Recht, für ein Kind zu sorgen

Doktor Adam legt seine Hand auf Pauls Schulter. »Jetzt kann sich Oma Käthe nicht mehr kümmern. Ich komme erst mal zu dir hoch. Wir schauen nach, was du für die Schule brauchst.«

»Soll ich bei mir schlafen?«, fragt Paul.

»Du bist schon eingeladen, mein Lieber.«

»Von dir?«

»Wo bist du denn am liebsten?«

»Bei Carlo und Carmen.«

»Nein.«

»Also, bei wem denn?«

»Bei Helena.«

Das hat Paul nicht erwartet. Denn seit sie vierzehn geworden ist, zählt sich Helena zu den Erwachsenen. Sie schminkt sich und hat ihn sogar einmal ›Kleiner‹ gerufen.

Er wird *herumgereicht*. Das gefällt ihm nicht.

»Wenn jemand bei uns im Gästezimmer übernachtet, dann wäre ich nicht allein in der Wohnung.«

»Stimmt«, antwortet Doktor Adam. »Aber wer will bei dir Gast sein?«

»Und ich?«, ruft Paul. »Und ich? Ich muss überall Gast sein.«

Doktor Adam holt tief Luft. »Ja, mein Junge. So ist es.«

| *der Kreislauf,* Weg, den das Blut im menschlichen Körper durchläuft

Bei Helena und ihren Eltern

»Wir haben auf dich gewartet.« Helena steht an der Wohnungstür. »Du musst noch dein Bettzeug holen.«

Paul rennt los.

Er gehört nirgendwo hin, denkt er. Aber er kann in jeder Wohnung unterkommen, im ganzen Haus.

Er öffnet die Tür zu seiner Wohnung, läuft in sein Zimmer und sucht. Er nimmt sich Jeans, den Schlafanzug und das Waschzeug.

»Wo ist deine Schultasche?«, fragt Helena, als er wieder vor ihr steht.

»Bei Oma Käthe.«

»Vielleicht hat jemand einen Schlüssel für die Wohnung«, sagt Lucy, die mitgehört hat. Ich frag mal.«

»Brauchst du lange im Bad?«, fragt ihn Helenas Vater.

Paul zieht die Schultern hoch.

»Nun sag schon. Eine Stunde oder zwei?«

»Höchstens eine Viertelstunde.«

»Gut, dann ist zehn vor sieben das Bad für dich frei.«

Helena zeigt ihm sein Zimmer. »Das war mal unsere *Rumpelkammer*. Wir haben sie für dich ausgeräumt.«

herumreichen, von einem zum anderen weitergeben
die Rumpelkammer, kleines Zimmer, worin sich Möbel und Sachen

Paul schaut sich um. Er findet sie nicht schlecht.

»Ist gut«, sagt er.

Bevor er sich schlafen legt, ordnet er seine Sachen für die Schule. Lucy will das so.

»Schlaf gut.«

Sie streicht ihm mit der Hand über die Wange.

Am nächsten Tag nach der Schule fühlt Paul sich sehr allein.

Er fängt an zu rennen. Die Tränen laufen ihm über die Wangen.

Alles ist ihm egal.

Als es dunkler wird, schleicht er sich ins Haus hinein und schließt die Tür zu seiner Wohnung auf. Er zieht sie hinter sich zu, läuft in sein Zimmer und wirft sich aufs Bett.

Er denkt: Hier bin ich zuhause. Und dann denkt er noch: Helena und Lucy werden nach mir suchen. Darauf schläft er ein.

Es klingelt. Es klingelt in seinen Schlaf hinein. Er sieht sich durch den Flur rennen. Doch niemand steht vor der Tür.

Es klingelt. Er wacht auf. Wieder rennt er durch den Flur. Nun ist er wach und durcheinander.

Vor der Tür steht Lucy und starrt ihn an. Er will sich entschuldigen, doch Lucy redet ohne Punkt und Komma los: »Sag mal, *spinnst* du? Einfach zu verschwinden? Ohne ein Wort zu sagen! Uns einfach sitzen

| befinden, die nicht gebraucht werden

lassen! Wir machen uns Sorgen. Helena heult bloß noch.«

»Aber … «, sagt er.

»Aber? Du bist unser Gastkind, also, mach schon!«

Sie drückt ihn zur Seite. »Wo ist dein Zimmer?«

»Hinten im Gang.« Er läuft ihr hinterher.

Sie wirft einen Blick in den Schrank, nimmt einige Sachen heraus. »Auf, auf, mein Lieber. Du hast noch ein paar Stunden Schlaf vor dir, bevor die Schule anfängt.«

Helena wartet unten vor der Wohnung. Sie springt ihm entgegen und küsst ihn.

Drinnen drängen sich fast alle Hausbewohner: Lehrer Kimmich, Dieter und sein Freund, Carmen und Carlo. Auch Herr Üldal, dem der Laden mit *Gewürzen* gehört. Und natürlich Doktor Adam.

»Da ist er!«

»Da bist du ja, mein Junge. Warum bist du verschwunden? Kannst du mir das sagen?«, fragt Doktor Adam.

Er antwortet nicht. Warum soll er vor ihnen über seine Wut reden? Oder darüber, wie allein er sich fühlt?

»Jetzt bleibst du hier und morgen früh gehst du mit Helena zur Schule.«

»Die geht gar nicht in meine Schule.«

spinnen, fantasieren
das Gewürz, Zutat, um ein Essen schmackhaft zu machen, so wie

»Geh schlafen«, sagt Lucy.
»Gute Nacht«, sagen die anderen.

*

In der ersten Schulstunde sieht die Klassenlehrerin Paul nachdenklich an.

»Also, es wäre gut, wenn dein Vater oder deine Mutter zum Elternabend kommen könnten.«

»Die sind verreist.«

»Schade.«

»Kann Herr Doktor Schwarzhaupt kommen?«

»Herr Doktor Schwarzhaupt hat bestimmt keine Ahnung, was du so in der Schule machst.«

»Er hilft mir aber manchmal.«

»Trotzdem. Das geht nicht.«

In der großen Pause gehen Paul und Felix in die Kantine zum Essen. Am Nachmittag haben sie Unterricht.

Es gibt *Nudeln*. Das schmeckt ihnen. Sie sitzen nebeneinander, reden nicht und essen die Nudeln in sich hinein.

Auf dem Heimweg lässt Felix Paul am Haus zurück und geht weiter.

Paul geht erst einmal zu sich hinauf. Er muss nachsehen, ob sein Papa ihm eine E-Mail geschrieben hat.

Er hat.

Paul liest Zeile für Zeile.

| Pfeffer, Curry, Muskat …

›Hallo Paul!
Lucy hat mir gemailt. Oma Käthe ist im Krankenhaus und du wohnst bei ihnen. Glaub mir, ich hab *ein schlechtes Gewissen*, wenn ich an dich denke. Aber du schaffst es! Du bist stark! Ohne deine Selbstständigkeit könnten wir, deine Mama und ich, nicht immer unterwegs sein. Die Leute im Haus mögen dich. Und ich? Hab ich dich nicht lieb? Wenn ich wieder zuhause bin, müssen wir miteinander reden. Leider kann ich erst am nächsten Dienstag kommen.

Bis dahin, mein Paul.

Dein Papa.‹

Die Traurigkeit steigt langsam in ihm hoch.

Er sinkt zusammen.

Der Klassenausflug

Paul sitzt im Bus neben Felix. Helena hat ihm ihren Reiserucksack geliehen, und Lucy hat ihm beim Packen geholfen.

Felix zieht eine große Tüte *Gummibärchen* hervor.

Paul schüttelt den Kopf. »Mir wird im Bus schlecht.«

Doch er hält durch, bis der Bus vor dem *Landschulheim* hält, wo sie eine Woche bleiben sollen.

die Nudeln, Pasta
das schlechte Gewissen, Gefühl, dass man etwas nicht richtig gemacht hat
das Gummibärchen, siehe Zeichnung auf Seite 42
das Landschulheim, Schule auf dem Land, wo Schüler mit Lehrern

das Gummibärchen
Bärchen

Mit den anderen Kindern rennen Paul und Felix durch einen langen Gang.

Als sie zuletzt allein in einem Zimmer mit vier Betten stehen, sagt Felix: »Das ist unseres.« Sie werfen ihre Rucksäcke auf die Betten.

»Wer kommt noch in unser Zimmer?«, fragt Paul die Lehrerin, die gerade vorbeigeht.

»Alle haben schon ihre Betten. Ihr könnt für euch bleiben. Aber schön brav sein!«

Bis zum Abendessen passiert nichts.

Paul findet den Speiseraum mit den hohen Fenstern festlich. Er fühlt sich wohl. Das Essen schmeckt ihm.

Die Lehrerin erklärt das Programm. Zuletzt sagt sie noch: »Gleich hinterm Haus beginnt der Wald. Aber ihr dürft nicht allein hineingehen. Nur auf dem Sportplatz könnt ihr spielen.«

Paul und Felix grinsen sich an. »Nach dem Pudding gehen wir raus.«

»Aber nicht in den Wald. Das ist verboten.«

Es ist schon dunkel. Über ihnen am schwarzen Himmel leuchten die Sterne.

»Stark«, sagt Paul.

»Los!«, ruft Felix und rennt weg.

»Ich bin schneller.« Paul fliegt hinterher. Dabei sieht er einen *Holzzaun* nicht.

Mit dem Kopf knallt er dagegen.

Mit der rechten Schulter fällt er auf etwas Hartes.

Erst schreit er vor Schreck.

| für eine kurze Zeit gemeinsam wohnen und lernen.

Dann schreit er vor Schmerzen.

Felix brüllt um Hilfe. »Dem Paul ist was passiert!«

Kinder und Erwachsene kommen gelaufen.

Paul weint leise. Er liegt auf dem Rücken, einen Arm vor den Augen.

Felix ruft die ganze Zeit: »Helft ihm doch. Helft ihm doch.«

Der Hausmeister kniet sich neben Paul. Er versucht, ihn hochzuziehen. Der Schmerz läuft brennend von Pauls Schulter bis ins Bein. Er jammert, und der Mann lässt los.

»Er blutet«, ruft Felix. Schnell schiebt der Hausmeister seine Arme unter Paul und trägt ihn ins Haus.

Der Schmerz lässt nicht nach. Der Hausmeister tröstet ihn: »Gleich kannst du liegen, und wir holen unseren Arzt.«

»Wir rufen deine Eltern an«, sagt die Lehrerin.

»Die sind nicht da. Aber Doktor Schwarzhaupt.«

»Der ist wohl für alles gut«, lächelt sie ihm zu.

Der Arzt kommt schnell. Er untersucht Paul, und der Schmerz wird wieder stärker. Das macht Paul Angst.

»Ich möchte nach Hause«, sagt er.

»Du hast einen *Schlüsselbein*bruch. Wir machen dir einen *Verband.*« Der Arzt gibt ihm eine Tablette. »Gleich wirst du schlafen.«

Paul schläft sofort ein.

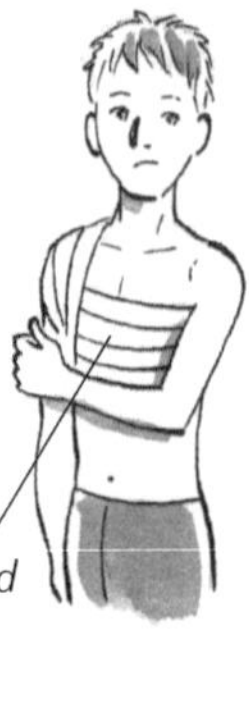

der Holzzaun, Abgrenzung aus Brettern
das Schlüsselbein, Knochen, der die Schulter mit dem Brustbein

Als er aufwacht, hält ihm die Lehrerin ein Telefon vor die Nase. »Dein Vater!«

Er hält es ans Ohr. »Ja?«

»Paul!« Es ist wirklich sein Vater.

»Du hast dir das Schlüsselbein gebrochen?«

»Von wem weißt du das?«

»Ich wurde angerufen.«

»Wo bist du?«

»Unterwegs.«

»Unterwegs?«

»Na ja. Ich wollte doch kommen, Paul.«

»Aber nicht so bald.«

»Ich musste meine Pläne ändern.«

Alle diese kurzen Sätze tun Paul weh.

»Lucy meint«, sagt sein Vater, »dass du bei Bibi und Herrn Üdal wohnen kannst.«

»Was?«

»Lucy fährt mit ihrem Mann und mit Helena zu den Großeltern. Die Üdals nehmen dich gerne auf.«

»Aber die kenne ich ja nicht.«

»Die kennen dich ganz gut, Paul.«

»Und du? Kommst du gar nicht?«

»Ich muss noch etwas in Ordnung bringen.«

»Ist gut«, sagt Paul leise.

Am nächsten Tag fährt ihn der Hausmeister nach Hause.

Jede Bewegung tut Paul weh. Es kommt ihm vor, als wandert der Schmerz aus der Schulter in die Brust. Alle kümmern sich um ihn, nur nicht seine Mama und sein Papa.

Er fühlt sich einsam.

Bei den Üdals

Das Haus erwartet ihn.

Helena sitzt auf der Treppe und läuft auf ihn zu.»Mensch, du machst Sachen.«

Die anderen schauen aus den Fenstern und rufen: »Hallo, Paul! Hallo, Paul!«

Doktor Adam und Carlo kommen aus der Haustür und führen ihn in den Garten.

Dort steht ein schön gedeckter Tisch.

»Schön, dass du wieder da bist«, sagt Carmen.

Doktor Adam setzt sich neben ihn.

Irgendwas stimmt nicht, denkt Paul.

»Ist mein Vater da?«

»Nein, Paul. Dein Vater musste fort.« Doktor Adam redet langsam und nachdenklich.

»Und wann kommt er wieder?«

»In drei oder vier Wochen.«

»Dann ist er ja noch länger weg als früher.«

»Ja, das hat einen Grund. Dein Papa ist krank. Seine Seele ist krank.«

»Ist er depressiv?«

»Woher weißt du, was das ist?«

»Ich bin ja nicht dumm. Und wir reden in der Schule darüber.«

»Das war alles zu viel für deinen Vater. Die letzten Wochen, deine Mama … «

»Muss er in die *Klapse*?«

»Ja, in eine Klinik.«

»Ich finde das blöd.«

| verbindet

»Was?«, fragt Carlo.

»Dass meine Eltern mich so allein lassen.«

»Wir sind doch da«, meint Carlo.

»Papa hat gesagt, dass Helena und ihre Eltern verreisen. Und ich soll zu den Üdals.«

»So ist es.« Doktor Adam steht auf. »Herr Üdal ist ein lieber Mensch und seine Freundin Bibi ist ein Engel. Da kannst du dich freuen.«

*

Bevor Paul sich bei Herrn Üldal meldet, geht er hinauf in seine Wohnung.

Auf dem Küchentisch liegt ein Zettel. Nur sieben Wörter stehen darauf: ›Doktor Schwarzhaupt wird dir alles erklären. Papa.‹

Paul legt sich auf sein Bett.

Nach einer Weile steht er auf und macht den Laptop an. Er wartet, bis er eine Mail schreiben kann.

›Hallo Mama. Hier ist keine Mail von Dir. Wie geht es Dir? Ich habe einen Verband auf der Schulter, weil ich mir das Schlüsselbein gebrochen habe. Mach Dir keine Sorgen. Ich wohne jetzt bei Herrn Üldal. Papa ist in die Klapse gegangen. Nur dass Du das weißt. Kuss von Deinem Paul.‹

Er starrt auf den Brief, schickt ihn ab und läuft die Treppe hinunter zu Üldals.

Herr Üldal öffnet und strahlt. »Sieh an, der Paul. Herzlich willkommen in unserem Heim. Sei unser Gast, so lange du willst.«

Herr Üdal führt ihn durch die Wohnung. Überall duftet es nach Gewürzen. In jedem Zimmer liegen Teppiche in fantastische Farben.

Bibi zeigt ihm sein Zimmer.

Paul staunt. Das Zimmer ist groß und schön. Es hat sogar ein kleines Duschbad.

»Nur für dich«, sagt Bibi.

»Es ist schon spät«, sagt Üldal und schaut auf seine Uhr. »Aber du musst morgen ja nicht in die Schule. Hast du Lust, mit uns essen zu gehen? Beim Afrikaner?«

Da ist er noch nie gewesen.

Er freut sich auf den Abend.

Auf der Treppe treffen sie Carmen. »Die Käthe kommt heute noch aus dem Krankenhaus. Ich habe für sie eingekauft.«

Paul hat Oma Käthe im Krankenhaus nie besucht. Immer war etwas dazwischengekommen. Aber vielleicht kann ich wieder zu ihr ziehen, denkt er.

Doch Carmen sieht ihn an und sagt.»Du kannst nicht bei ihr wohnen. Sie ist zu schwach. Später vielleicht.«

Im Restaurant fragen ihn Bibi und Üldal nach der Schule, nach den Lehrern, nach Felix. Ob er Bücher lese und welche. Ob er Musik höre.

Sie fragen auch, wann er Geburtstag hat.

»Im Juli, am 20«, antwortet er.

»Das müssen wir feiern. Ein Gartenfest?«

»Das wäre schön. Aber ... «

»Du möchtest, dass deine Eltern dabei sind?«

»Ja«, sagt er. »Mein Papa. Meine Mama will in New York bleiben.«

Die Üldals fragen nicht weiter. Nicht nach seiner Mama, nicht nach seinem Papa. Sie reden um sie herum wie um eine leere Stelle.

In den nächsten Tagen nimmt ihn Üldal in seinen Laden mit.

Paul sieht, wie er die Kunden bedient. Dann stellt er Paul als ›Hilfe‹ ein. Er muss den Kunden die Tür öffnen oder eine Tüte zum Auto tragen.

Nach vier Tagen hat Paul keine Lust mehr. Er klingelt bei Oma Käthe.

»Wie schön dich zu sehen, Paulchen.«

»Ich freue mich, dass du wieder gesund bist.«

»Na ja... Wenn du bei den Üldals nicht bleiben kannst, meldest du dich bei mir.«

Auf diesen Satz hat er gehofft.

Pauls Papa

Unten im Treppenhaus wartet Doktor Adam auf ihn.

»Willst du mitkommen?«

»Spazieren?«

»Nein, besser mit der S-Bahn. Wir können deinen Vater besuchen.«

Darauf ist Paul nicht vorbereitet.

»Ja, ich hätte es dir früher sagen sollen. Ich habe in der Klinik angerufen. Seine Ärztin sagt, dass du und ich ihn besuchen können.«

Auf der Fahrt reden sie nicht. Paul denkt an seinen Papa, aber, mehr noch, an seine Mama.

Vom Bahnhof müssen sie nicht weit gehen.

»Wir werden deinen Papa nicht in seinem Zimmer finden. Er wartet in der Cafeteria.«

Sein Papa sitzt allein an einem Tisch und sieht zum Fenster hinaus. Er merkt nicht, dass sie kommen.

Paul möchte am liebsten weglaufen.

»Herr Beerbach«, sagt Doktor Adam vorsichtig.

Und Paul ganz leise: »Papa!«

Der Papa starrt weiter hinaus.

»Er will nicht«, sagt Paul. »Komm, wir gehen.«

Ganz langsam wendet sich sein Papa ihnen zu. Er öffnet den Mund aber redet nicht.

Wie ein Fisch, denkt Paul.

Jetzt lächelt der Papa. Er steht auf, *schwankt* und setzt sich wieder.

»Es sind die Medikamente«, sagt er.

Doktor Adam und Paul setzen sich auch.

»Du hast Ferien? Du hast bestimmt ein *Zeugnis* bekommen«, sagt der Papa. »Hast du es mit?«

»Nein. Ich habe nicht daran gedacht.«

»Aber ich muss es ja sehen.«

»Und unterschreiben.«

»Das auch.«

»Du kommst also in die nächste Klasse?«

die Klapse, psychiatrische Klinik
schwanken, sehr unsicher stehen, beinahe umfallen

»Natürlich. Weißt du gar nicht mehr, wie ich in der Schule bin?«

Etwas stimmt nicht mit ihm, denkt Paul.

»Wenn du wieder gesund bist, bleibst du dann zuhause, Papa?«

»Ich?«, fragt sein Papa.

»Ja, du!« Paul springt auf. »Ich geh jetzt.«

Doktor Adam versucht, ihn zu halten.

»Bleib!« Plötzlich war die Stimme seines Vaters klar.

Paul dreht sich zu ihm um und sieht ihm in die Augen.

»Ob du zuhause bleibst, Papa. Das habe ich gefragt.«

»Wir werden uns trennen, deine Mutter und ich. Es fragt sich, wer von uns das Sorgerecht bekommt.«

»Aber ich will nicht nach New York. Vielleicht ist es am besten, wenn das Haus das Sorgerecht bekommt.«

Sein Papa lacht. »Nicht schlecht, das ganze Haus. Und deine Eltern sind dir nicht wichtig?«

»Ihr seid doch nie da.«

Sein Papa hört nicht auf zu lachen.

Eine Schwester kommt und bringt ihn weg.

»Mein Papa lacht«, sagt Paul. »Und ich könnte schreien.«

*

Fast alle sind unterwegs oder in den Ferien. Felix auch.

Paul denkt an ihn. Manchmal redet er mit ihm. Dabei muss er aufpassen, dass nicht jemand mithört.

Dann kommt ein Mann vom Städtischen *Jugendamt*. Er steht eine Weile im Treppenhaus.

Doktor Schwarzhaupt spricht ihn an. Ob er hier jemanden besuchen wolle?

»Den Jungen«, antwortet der Mann.

»Was wollen Sie von ihm?«

»Ihn sprechen.«

»Worüber?«

Paul steht am Fenster und hört mit.

Der Mann sagt: »Wir wissen, dass sein Vater in einer Klinik ist.«

»Das ist richtig. Aber warum sind Sie hier?«

»Eine *Anzeige*.«

Doktor Adam lacht. »Das hab ich mir denken können. Kommen Sie bitte zu mir herein.«

Paul rennt die Treppen hinunter. Die Tür zur Wohnung von Doktor Adam steht offen.

»Paul! Komm mal kurz. Wir brauchen dich«, ruft Doktor Adam.

Der Mann vom Jugendamt sitzt im Stuhl vor Doktor Adams Schreibtisch.

»Hallo«, sagt er. »Du bist also Paul. Ich hab bei euch geklingelt, aber du bist wohl nicht oft zu Hause?«

das Zeugnis, Bewertungen oder Noten für die Fächer in der Schule,
das Jugendamt, Behörde, die sich um die Probleme von Jugendlichen kümmert

Was soll er darauf antworten?
»Aber ich bin da. Hier im Haus.«
»Und deine Eltern?«
»Mein Papa ... «
»Ich weiß. Er ist krank. Und deine Mama?«
»Die arbeitet in New York.«
»Und wer sorgt für dich?«
»Alle im Haus.«
»Da kannst du ja machen, was du willst.«
»Die passen alle auf.«
»So ist es«, sagt Doktor Adam. »Und ich bin der Anwalt der Familie. Ich habe die Verantwortung für den Jungen.«
Der Mann nickt. »Wir bleiben in Verbindung.«
Er steht auf und geht.

Doktor Adam drückt die Tür hinter dem Mann zu und nimmt Paul in die Arme. Zum ersten Mal. Paul muss weinen.
Er ist allein und ist es doch nicht.

Bei Carmen und Carlo

Die Ferien gehen weiter.
Doktor Adam setzt sich neben Paul auf die Bank im Garten.
»Wir, das ganze Haus, wollen deinen Geburtstag hier im Garten feiern.« Er macht eine Pause. »Und was wünschst du dir?«
Was soll er sich wünschen?
»Ich weiß nicht. Vielleicht, dass meine Mama aus

New York kommt und dass mein Vater wieder gesund ist.«

»Wenn wir könnten, Paul, dann würden wir dir den Wunsch erfüllen.«

Bei den Üldals gibt es eine Neuigkeit. Sie müssen verreisen.

»Du musst leider woanders wohnen.« Her Üldal redet und redet und merkt nicht, wie traurig Paul wird.

»Wo soll ich schlafen? Bei wem soll ich bleiben?«, fragt Paul mit leiser Stimme.

»Frag den Doktor Schwarzhaupt.« Üldal nimmt Paul in die Arme. »Bibi und ich haben dich richtig lieb, Paul. Das kannst du mir glauben.«

»Ich glaub's schon«, sagt Paul und packt seine Sachen.

Üldal nimmt seinen Rucksack und geht mit ihm die Treppe hinunter.

»Da bring ich Ihnen unseren Paul.«

Er sagt ›unser Paul‹, und Paul findet das gut.

Doktor Adam sagt gleich: »Carmen und Carlo. Das ist deine neue Adresse. Komm, wir gucken uns dein Zimmer an.«

Hinterher will Paul für sich sein. Er will aus seiner Unruhe hinaus.

In seiner Wohnung macht er sofort den Laptop an. Gestern hat ihm seine Mutter eine E-Mail geschrieben:

›Hallo, lieber Paul.

Hoffentlich kann ich bei Deinem Geburtstag in Frankfurt sein. Wünsch Dir etwas, das ich von New York mitbringen kann. Soviel ich weiß, hast du Ferien. Schaffst du es denn so allein? Mail mir bitte zurück. Deine Mama.‹

Er liest die Mail und hört sie reden, schnell mit ihrer dunklen Stimme. Dann macht er den Laptop aus.

Eine Weile steht er am Fenster und sieht hinunter auf die Straße. Dabei fällt ihm ein Wunsch ein: Ein iPhone! Das ist teuer, aber sie verdient eine Menge.

Er setzt sich wieder, macht den Laptop an und schreibt:

›Liebe Mama. Ich habe einen Wunsch zum Geburtstag: Ein iPhone. Kommst du wirklich? Dein Paul.‹

*

Es ist das erste Frühstück bei Carmen und Carlo. Doch Paul hat keinen Appetit. Er kann weder Brötchen noch Käse, Wurst oder Marmelade essen.

Carmen legt ihre Hand auf seine Stirn.

»Du bist heiß«, sagt sie erschrocken, »du hast Fieber.«

Sie will, dass er sich hinlegt, aber er drückt sich an sie vorbei und rennt aus der Wohnung. Er muss in sein Zimmer. Dort legt er sich ins Bett und weiß von nichts mehr.

Es klingelt Sturm.

»Paul! Bist du da? Mach uns bitte auf, bitte!« Carmen und Doktor Adam rufen und klopfen an die Tür.

»Ja, ja«, ruft er. Ihm ist schlecht. Er setzt sich auf die Bettkante und schließt die Augen. »Ich komm gleich!«

»Geht's dir besser?« Das ist Carmen.

»Mach auf!« Das ist Doktor Adam.

Pauls Wut steigt. »Lasst mich doch in Ruhe! Lasst mich doch schlafen!«, brüllt er.

»In Ordnung. Wenn was ist, melde dich bei Oma Käthe.«

Er hört, wie sie die Treppe hinuntergehen. Er legt sich wieder und schläft ein. Träumt von seinem Papa.

Als er aufsteht, ist sein T-Shirt nass. Seine Beine geben nach. Er wünscht sich seinen Papa oder seine Mama her.

Dann aber klingelt er bei Oma Käthe. Sie öffnet ihm sofort.

»Komm herein«, sagt sie. »Ich weiß, ich weiß.«

Sie zieht ihm das nasse T-Shirt über den Kopf, *wickelt* ihn in eine Decke und bringt ihn ins Bett.

Er freut sich, wieder im alten Kinderzimmer zu sein.

Oma Käthe wickelt ihm kalte Tücher um die *Waden*. »Das senkt das Fieber«, sagt sie. Sie bleibt bei ihm sitzen und erzählt.

Er hört zu, bis er wieder einschläft.

*

wickeln, eine Decke oder ein Tuch fest um jemanden oder um etwas legen oder rollen

die Wade

Die Tage gehen nicht gerade schnell. Er schläft, er wacht auf, er schläft wieder ein.

Eines Morgens setzt er sich im Bett auf und sagt: »Ich muss in die Schule!«

Oma Käthe sieht ihn erschrocken an. »Himmel! Sind denn die Ferien schon vorbei?«

Paul fühlt sich wohl. »Morgen fängt die Schule an.«

Er umarmt die alte Frau. »Ich mag dich, Oma Käthe.«

»Danke«, sagt sie und küsst ihn auf die Stirn.

Vor seiner Wohnung setzt er sich auf die Treppe.

Er hört Helena. Sie ist aus den Ferien zurück.

Er ruft: »Helena. Ich komme!«

Sie springt ihm entgegen. Er kennt sie kaum wieder. Sie ist braun gebrannt und viel dünner als früher.

»Du bist krank gewesen, hat uns der alte Schwarzhaupt gesagt. Was ist sonst noch los?«

Sie setzen sich nebeneinander auf die Treppe und Paul erzählt.

Als er wieder hochgehen will, kommt Felix.

»Das kann nicht wahr sein«, ruft Paul.

»Bin wieder da, Mann!«

Sie boxen sich. Paul ist glücklich.

»Ich schlafe wieder bei Oma Käthe.«

»Und dein Papa? Immer noch unterwegs?«

»Nein. Er ist im Krankenhaus.« Er sagt nicht ›Klapse‹, auch wenn Felix sein bester Freund ist.

»Und wo muss ich morgen klingeln?«

»Na, bei Oma Käthe.«

»Du bist ganz schön rumgekommen, was?«

»Ja.«

Pauls Geburtstag

An seinem Geburtstag steht Paul am Fenster zum Garten. Er sieht zu, wie alle im Haus sein Fest vorbereiten.

Felix kommt als Erster hoch zu ihm. Sie spielen ein Computerspiel.

»Du kriegst bestimmt eine Menge Geschenke«, sagt Felix.

Er springt auf. »Jetzt gucken wir runter.«

Sie stellen sich ans offene Fenster.

Paul ruft: »Hallo, ihr da unten. Können wir kommen?«

»Nein.«

»Warum denn noch nicht?«

»Weil wir noch nicht fertig sind. Noch nicht ganz.«

Felix sagt: »Bald werde ich auch dreizehn.«

»Wann?«

»Im Oktober.«

Sie setzen sich noch einmal vor den Laptop.

»Eigentlich sind die im Haus so was wie deine Eltern«, sagt Felix.

Das stimmt, denkt Paul. Aber das stimmt auch nicht.

»Du spinnst!«, sagt er und geht wieder ans Fenster.

»Jetzt komme ich aber«, ruft er hinunter.

»Du kannst«, antworten sie.

»Gratulation, Paul!« Carmen hält ihm die Tür zum

Garten auf.

Sie drückt ihn an sich.

»Sag mal, Paul. Das ist dein Geburtstag. Und den willst du mit kaputten Jeans und einem schmutzigen Hemd feiern? Das gibt's doch nicht.«

Er sieht an sich runter. Carmen hat recht.

»Ich habe frische Sachen bei den Üdals.«

Carmen lacht. »Natürlich. Du bist ja im ganzen Haus zuhause. Unser Paul!«

Er zieht sich um und sieht sich in den Spiegel: Ein dünner Junge mit einem bekümmerten Gesicht. Aber er sieht gut aus, findet er.

Mit einem Mal kommen alle anderen Hausbewohner in den Garten. Sie ordnen sich zu einer Reihe und singen: ›Happy birthday, dear Paulchen!«

Paul weiß nicht, wo und wie er stehen soll.

Sie gratulieren ihm. Sie umarmen und drücken ihn. Sie stellen Platten mit leckeren Sachen auf den Tischen.

Felix zeigt auf die vielen Geschenke, die auf einem Tisch liegen. »Da kannst du dich freuen!«

Plötzlich klatscht Dieter in die Hände und ruft: »Ruhe! Doktor Schwarzhaupt möchte eine Rede halten.«

Der holt tief Luft und fängt an:

»Mein lieber Paul! Wir feiern heute deinen dreizehnten Geburtstag, wir alle, das ganze Haus und dein Schulkamerad Felix. Wir wohnen schon eine Weile miteinander in diesem Haus, in unserem

Haus. Und ich bin stolz darauf, dass wir miteinander wohnen. Auch wenn wir uns manchmal streiten. Unser Paul kennt das. Er kennt uns alle. Und wir kennen ihn. Wir haben Paul aufgenommen. Wir haben auf ihn aufgepasst. Du sollst wissen, lieber Paul, dass wir im Haus immer für dich da sind. Und jetzt: Guck dich mal im Garten um!«

Paul dreht den Kopf nach rechts, nach links.

»Kalt, kalt, kalt«, ruft Doktor Adam. Paul sieht nach hinten. »Warm!«, hört er. Und dann: »Heiß!«

Sein Papa! Pauls Herz klopft.

Er springt auf, läuft zu ihm hin. Er hat Angst, seinen Papa zu umarmen. Er ist krank.

»Na du«, sagt sein Papa und schließt ihn in die Arme. »Ich wünsche dir, dass alles besser wird«, sagt er ihm ins Ohr.

»Ich dir auch.«

Sein Papa nimmt sein Gesicht zwischen seine Hände. »Dein Fest gefällt mir.«

Doktor Adam kommt zu ihnen hin. »Sie sind nicht mehr in der Klinik, Herr Beerbach? Sie können bleiben?«

Pauls Papa lächelt. »Ja. Ich bleibe. Aber in Behandlung bei meinem Arzt.«

»Da gratuliere ich euch beiden«, sagt Doktor Adam. »Jetzt guck dir mal deine Geschenke an, Paul.«

»Kommst du mit, Papa?«

Unter den vielen Geschenken ist ein Rucksack mit Waschsachen und mehreren Schlafanzügen. »Damit du für alle deine Zimmer im Haus was hast.«

Pauls Freude ist groß. Er umarmt sie alle.

»Jetzt setzt euch«, ruft Carlo.

»Erster Punkt«, ruft Carmen, »unser Geburtstagskind eröffnet das *Buffet*. Zweiter Punkt: Carlo und ich tanzen für Paul einen Tango. Dritter Punkt: Doktor Schwarzhaupt hält eine Rede, die er aber schon gehalten hat. Vierter Punkt: Den kennt nur Doktor Schwarzhaupt. Also, hol dir was vom Buffet, Paul. Wir haben Hunger.«

*

Die Festgäste essen und reden. Paul schaut zu seinem Papa hin, aber der sieht ihn nicht an. Die Traurigkeit drückt Paul auf die Brust.

»Prost, Paul!«, rufen seine Gäste.

Carmen und Carlo springen auf. Carlo stellt den CD-Player an und ein Tango tönt laut in den Garten hinein.

Carmen und Carlo tanzen ihren wunderbaren Tango.

»Bravo! Bravo!«, rufen alle.

Doktor Schwarzhaupts Handy klingelt. Er presst ihn ans Ohr: »Punkt vier. Für dich!«

Paul nimmt das Telefon ans Ohr. Er hört Mamas Stimme.

»Hörst du mich, Paul?«

die Anzeige, Meldung, die jemand bei einer Behörde oder bei der Polizei abgibt

Er kann nicht gleich antworten. Und er will nicht, dass ihn die anderen sehen, wie er mit seiner Mama spricht.

»Paul?«

»Mama!« Er zieht sich zurück in den Garten.

Sie fängt an zu singen. »Happy birthday.«

Er findet es blöd.

»Ich gratuliere dir, mein Paul.«

»Danke. Bist du schon in Frankfurt? Kannst du hierher kommen?«

»Nein. Kann ich nicht.«

»Warum nicht?«

»Dein Vater und ich wollen uns erst einmal nicht sehen.«

»Das ist doch dumm«, ruft er. »Papa ist doch krank.«

»Das weiß ich«, sagt sie. »Ich habe eine Überraschung für dich. Sie kommt gleich.«

»Jetzt? Gleich?«

»Ja.«

»Und du? Du kommst nicht?«

»Nein.«

Aus seinem Fest ist die Freude raus.

Pauls Mama

In den Garten kommt ein Fahrrad*kurier*.

»Der ist für dich, Paul«, ruft Felix.

»Ich habe ein Paket für Herrn Paul Beerbach.« Der Fahrradkurier zieht ein großes Paket aus seiner gelben Tasche.

| *das Buffet,* viele verschiedene Gerichte auf einem langen Tisch

»Du musst noch unterschreiben«, sagt er zu Paul.

Paul unterschreibt.

Felix hilft ihm beim Auspacken. Heraus kommt eine Packung mit einem *Bausatz*.

»Das ist der Flughafen. Den hab ich mir vor zwei Jahren von der Mama gewünscht. Im letzten Jahr hab ich ihn von Papa bekommen.«

Er drückt Felix den Bausatz in die Arme. »Du kannst ihn haben.«

»Den Bausatz?«

»Ja, ja, ja.«

*

Paul geht mit seinem Papa hinauf in die Wohnung. Der Papa war am Tisch eingeschlafen.

Oma Käthe folgt ihnen.

»Bis gleich«, sagt Paul zu ihr und schließt auf.

Sein Papa sagt nichts, murmelt nur: »Bringst du mir ein Glas Wasser?«

Er geht ins Schlafzimmer, dreht sich zu ihm um. »Gute Nacht, Paul. Sehen wir uns morgen früh?«

»Ich schlaf bei Oma Käthe. Frühstücke auch bei ihr.«

Es fällt ihm schwer, seinen Vater allein in der Wohnung zu lassen.

Am Tag nach dem Fest weckt ihn Oma Käthe. Sie frühstücken.

»Geh jetzt rüber zu deinem Vater und wünsche

| aufgestellt

ihm einen guten Morgen.«

»Der schläft bestimmt noch.«

»Los!«

Sein Papa sitzt am Küchentisch. Vor sich eine Tasse Kaffee.

Er hebt den Kopf und nickt Paul zu: »Du bist schon für die Schule fertig?«

Papa weiß nicht, was er sagen soll, denkt Paul.

*

Nach der Schule wartet Doktor Adam auf ihn.

»Deine Mutter möchte dich sehen, Paul.«

»Zu meinem Geburtstag ist sie nicht gekommen. Und dann schickt sie mir diesen blöden Baukasten, den ich schon habe.«

»Das konnte sie nicht wissen.« Doktor Adam legt seine Hand auf Pauls Schulter.

»Komm, sie ist im Hotel, gleich um die Ecke.«

»Du hast sie besucht?«

»Ja, ich habe mit ihr gesprochen. Also, sie wartet auf dich.«

Paul hat Angst vor diesem Treffen mit seiner Mutter. In der Halle des Hotels zieht er Doktor Adam am Ärmel: »Ich möchte weg.«

»Ich auch«, sagt er. Aber am Empfang fragt er nach Pauls Mutter.

Der Portier zeigt ihnen den Weg.

Da sitzt sie. Seine Mama.

Sie sieht toll aus. Sie ist viel schöner als die Mütter seiner Freunde. Aber die sind immer da.

Seine Mama steht auf.

Doktor Adam schiebt Paul seiner Mama in die Arme.

»Paulchen«, sagt sie leise.

Er legt seinen Kopf an ihre Brust. Sie duftet wunderbar.

Aber dann lässt er sie los und schiebt sie weg.

»Setzen wir uns«, sagt sie. »Du bist mir nicht böse wegen gestern?«

Paul will sagen, was er fühlt. »Doch!«

Seine Mutter ist ganz still.

»Der Papa ist gekommen. Und er ist krank.«

»Ich weiß.« Seine Mama sieht ihn an. »Ich kann dich verstehen, Paul.«

»Du verstehst gar nichts!«

»Paul.« Ihre Stimme klingt ängstlich. »Wir wollen uns trennen. Dein Vater und ich.«

»Und ich?«

»Du bleibst bei deinem Vater.«

»Papa ist krank.«

»Er will trotzdem für dich da sein.«

»Und du?«

»Du weißt, dass ich oft verreist bin. Ich kann mich nicht um dich kümmern.«

Paul hat genug. Seine Mama ist ihm fremd.

Er muss wegrennen.

Er muss weg von diesem Schmerz.

Auf dem Weg hinaus fegt er eine Kaffeekanne und zwei Tassen von einem Tisch.

Er hört Rufe, läuft weiter über die Straße.

Dort wartet er auf Doktor Adam.

»Das war stark«, sagt der. »Aber jetzt geht's nach Hause ins Haus.«

»Ja«, sagt Paul, »und mein Papa gehört dazu.«

***

Sprachübungen

A. Setze die richtige Form von SEIN ein:

1. Da ich wieder.
2. Wo dein Zimmer?
3. Du unser Gastkind.
4. Es schon dunkel.
5. Ich ein unnötiges Kind.
6. Ihr ja nie da
7. Wir doch Nachbarn.
8. Wo du gewesen.
9. Fast alle unterwegs.
10. Oma Käthe im Krankenhaus.

B. Setze die richtige Form von HABEN ein:

1. Er keinen Appetit
2. du Zeit?
3. Was ihr vor?
4. Die Mäuse Junge
5. Ich eine Idee
6. Die Eltern viel zu tun.
7. Du Ferien?

8. Carmen recht.
9. Paul Angst.
10. Wir Hunger.

C. Setze DER, DIE oder DAS ein:

1. Die Lehrerin erklärt Programm.
2. Morgen fängt Schule an.
3. Es ist erste Frühstück.
4. Und ich bin Anwalt der Familie.
5. Hinter dem Haus beginnt Wald.
6. Tür steht offen.
7. Danach fährt ihn Hausmeister nach Hause.
8. Zimmer ist schön und groß.
9. Manchmal sind Eltern weg.
10. Traurigkeit drückt Paul auf die Brust.

D. Welche Präpositionen fehlen hier?

1. Er zieht das Handy der Tasche.
2. Das war zu viel deinen Vater.
3. Schläfst du mir?

4. Doktor Adam kommt ihm.
5. Er findet einen Zettel seinem Vater.
6. Carmen singt offenem Fenster.
7. Paul drückt den Kopf seine Brust.
8. Ich möchte Hause.
9. Er rennt den Flur.
10. Er verschwindet ein Wort.

Fragen

1. Warum mag Paul Gartenfeste?
2. Was sagt ihm sein Vater?
3. Warum wird Paul wütend?
4. Wer ist Felix?
5. Womit hilft Paul Carmen?
6. Worüber spricht Paul mit Oma Käthe?
7. Wofür braucht Paul die Unterschrift seines Vaters oder seiner Mutter?
8. Wie löst er das Problem?
9. Warum freut Paul sich nicht, als sein Vater früher nach Hause kommt?
10. Was erzählt ihm sein Vater, als sie beide im Hof sitzen?
11. Warum läuft Paul weg?
12. Wie reagieren die anderen Hausbewohner darauf?
13. Worüber spricht er mit Doktor Adam Schwarzhaupt?

14. Was sagt ihm seine Mutter am Telefon?
15. Was passiert mit Oma Käthe?
16. Wie fühlt sich Paul, als er woanders wohnen muss?
17. Wie geht es Paul bei Helena und ihren Eltern?
18. Was schreibt ihm sein Vater in der E-Mail?
19. Was passiert mit Paul auf dem Klassenausflug?
20. Warum soll Paul bei einer anderen Familie wohnen?
21. Welche Neuigkeit gibt es über Pauls Vater?
22. Wie geht es Paul bei den Üdals?
23. Beschreibe den Besuch bei Pauls Vater in der Klinik.
24. Was will der Mann vom Jugendamt?
25. Wie verbringt Paul den Rest der Ferien?
26. Was geschieht alles an seinem Geburtstag?
27. Wohin geht Paul am nächsten Tag mit Doktor Adam Schwarzhaupt?
28. Worüber spricht Paul mit seiner Mutter?
29. Warum läuft er weg?
30. Was sagt er zu Doktor Adam Schwarzhaupt?

Weitere Übungen und Anregungen unter
www.easyreaders.eu

EASY READERS *Dänemark*

ERNST KLETT SPRACHEN *Deutschland*

EMC PUBLISHING LLC *USA*

EUROPEAN SCHOOLBOOKS PUBLISHING LTD. *UK*

Diese Ausgabe ist gekürzt und vereinfacht und ist damit für den Deutschlernenden leicht zu lesen.
Die Wortwahl und der Satzbau richten sich - mit wenigen Ausnahmen - nach der Häufigkeit der Anwendung und dem Gebrauchswert für den Leser.
Weniger gebräuchliche oder schwer zugängliche Wörter werden durch Zeichnungen oder Fußnoten in leicht verständlichem Deutsch erklärt.
EASY READERS sind unentbehrlich für Schule und Selbststudium.
EASY READERS sind auch auf Französisch, Englisch, Spanisch, Italienisch und Russisch vorhanden.

EASY READERS BISHER ERSCHIENEN:
Andreas Schlüter: Die Stadt der Kinder (B)
Angelika Mechtel: Flucht ins fremde Paradies (C)
Anonym: Till Eulenspiegel (A)
Christoph Wortberg: Novembernacht (B)
Erich Kästner: Das doppelte Lottchen (A)
Erich Kästner: Der kleine Grenzverkehr (D)
Erich Kästner: Drei Männer im Schnee (C)
Erich Kästner: Emil und die Detektive (B)
Erich Kästner: Mein onkel Franz (A)
Erich Kästner: Pünktchen und Anton (B)
Gerhard Eikenbusch: Und jeden Tag ein Stück weniger von mir (B)
Gottfried August Bürger: Münchhausens Abenteuer (A)
Gregor Tessnow: Knallhart (C)
Gudrun Pausewang: Die Wolke (B)
Hansjörg Martin: Kein Schnaps für Tamara (B)
Heinrich Spoerl: Man kann ruhig darüber sprechen (B)
Herbert Reinecker: Der Kommissar lässt bitten (B)
Herbert Reinecker: Fälle für den Kommissar (C)
Inge Meyer-Dietrich: Und das nennt ihr Mut (A)
Inge Scholl: Die weisse Rose (B)
Jana Frey: Sackgasse Freiheit (C)
Jo Hanns Rösler: Gänsebraten (A)
Johanna Spyri: Heidi (0)
Marie Luise Kaschnitz: Kurzgeschichten (B)
Marliese Arold: Ich will doch leben! (C)
Michael Ende: Lenchens Geheimnis (A)
Otfried Preußler: Krabat (C)
Otto Steiger: Einen Dieb fangen (B)
Peter Härtling: Ben liebt Anna (A)
Peter Härtling: Paul, das Hauskind (B)
Siegfried Lenz: Das Feuerschiff (B)
Siegfried Lenz: Lotte soll nicht sterben (A)
Stefan Zweig: Novellen (C)
Susanne Clay: Der Feind ganz nah (C)
Thomas Brussig: Am kürzeren Ende der Sonnenallee (C)
Ursula Fuchs: Wiebke und Paul (A)
Uwe Timm: Am Beispiel meines Bruders (C)

Alle Titel finden Sie auf **easyreaders.eu**.